Mi primer libro sobre Tawhid

Este libro pertenece a:

¡Alá Creó Todo!

Traducida por Somayh Naseef

Escrita por Umm Bilaal Bint Sabir
Formato y diseño por Umm Bilaal Bint Sabir
Cubrir por @ilm.cards

2023 Al Huroof Publishing
© alhuroof
Publicado por primera vez Sep 2024

ISBN: 978-1-917065-23-8

Para más información contactar:

@al.huroof ✕ AlHuroofpublishing ✉ alhuroof@hotmail.com

Al Huroof Publishing
Little Muslim Readers
الحروف للنشر

Alabado sea Alá, el Dios de toda la creación, y que la paz y las bendiciones de Alá sean con nuestro profeta Mahoma, a sus verdaderos seguidores y a todos sus compañeros. Procedamos:

AL HUROOF

Al Huroof es parte de un proyecto en curso llamado Bait-at-Tarbiyah (Casa de Aprendizaje), que fue iniciado por un pequeño grupo de jóvenes madres musulmanas en 1995, Londres, Reino Unido. En ese momento, había una falta de material auténtico de enseñanza islámica para niños pequeños. Por lo tanto, decidimos reunir nuestras habilidades creativas y profesionales para desarrollar recursos y ayudas didácticas islámicas auténticas y divertidas; basadas en el Corán (el libro sagrado) y la Sunnah. Específicamente,los versos y comportamiento del Profeta Mahoma (que la paz y las bendiciones de Alá sean con él), sus compañeros y la generación que les siguió.

El enfoque inicial estaba en cuatro proyectos: tarjetas didácticas, revistas, videos y juguetes blandos; algunos de los cuales aún no se han desarrollado. Hasta la fecha hemos publicado 4 revistas de Al Huroof, una serie de tarjetas que presentan los 5 pilares del Islam y camisetas

¡Gracias a Alá! Desde entonces, los colaboradores han crecido en su propia capacidad profesional. La autora principal hasta la actualidad tiene 18 años de experiencia en la enseñanza de EFL, formación de profesores y experiencia reciente en la gestión de escuelas primarias; todo lo cual proporciona una valiosa visión para diseñar material didáctico. Esperamos continuar con nuestros esfuerzos para desarrollar ayudas didácticas y contribuir al creciente mundo de material de enseñanza islámica auténtica; teniendo en cuenta que todo este esfuerzo es para Alá. Al usar las habilidades que Él, Subhaanahu, nos ha bendecido, esperamos ayudar en la difusión del conocimiento auténtico donde sea posible. Que Alá lo acepte de nosotros, amén.

SOBRE LA TRADUCTORA

Como profesora de idiomas apasionada y certificada, a veces asumo el papel especial de traducir libros infantiles para dejar una huella significativa. Mi idioma favorito es el español, pero también traduzco entre inglés, francés, italiano y alemán. Creo en crear traducciones que sean accesibles y atractivas para los jóvenes lectores, ayudándolos a aprender nuevas palabras mientras disfrutan de la historia. Para mí, traducir libros infantiles es una oportunidad única para contribuir a la comunidad e inspirar a las mentes jóvenes. Cada libro que traduzco es una oportunidad para conectar el mundo a través de la belleza del lenguaje.

Al usar las habilidades que Él, Subhaanahu, nos ha bendecido, esperamos ayudar en la difusión del conocimiento auténtico donde sea posible. Que Alá lo acepte de nosotros, amén.

Cómo Usar Este Libro

Notas para los Padres

Este es el primer libro de una serie de tres partes sobre el Tawhid. En el idioma árabe, Tawhid significa 'creer en uno'. En la Shari'ah islámica, significa adorar a un único Dios . Este es el fundamento de nuestra religión. Tawhid es el conocimiento y el reconocimiento de que nuestro Dios es único en todos los atributos de Perfección, Grandeza y Majestad, y es único en toda adoración.*

El Tawhid se divide en tres categorías, todas igualmente importantes. Este libro comienza con el Tawhid-ur-Ruboobiyyah. Esto significa reconocer que todo en la creación, ya sea grande o pequeño, oculto o visible, es creado solo por Alá. Él es nuestro Dios (Rabb). Cuando creemos con certeza que Alá es el Rabb de la creación, que da sustento, controla los asuntos, alimenta y sostiene la creación, esto es el Tawhid-ur-Ruboobiyyah - el Tawhid de que Alá es el dueño de todo y todas.*

Ayude a su hijo a comprender este fundamento guiándote para que conecte el aspecto de la creación con el Tawhid-ur-Ruboobiyyah. Use las imágenes y el texto como un incentivo para hacer preguntas y guiar sus respuestas. Nos hemos esforzado por mantener el lenguaje simple pero atractivo para el nivel objetivo de los jóvenes lectores, con algunas excepciones que necesitarán la ayuda de los padres u otros para simplificar.

Palabras de Alta Frecuencia

En la parte inferior de cada página, verá una lista de palabras de alta frecuencia (PAF) tomadas de las primeras 31 PAF para niños de 5 a 7 años. También hay palabras nuevas adicionales (PN) que no están en la lista de PAF pero se utilizan para ayudar a describir las imágenes de cada página. Anime a su hijo a pronunciar todas las palabras y ofrezca una sugerencia si necesita ayuda.

Esperamos que su hijo disfrute de esta breve serie sobre el Tawhid, basada en la comprensión del Salaf-us-Saalih. Después de alabar a Alá, Subhaanahu, nos gustaría agradecer a todos aquellos que han brindado acceso a software de diseño, formato de libros y comentarios valiosos sobre el contenido. Que Alá lo acepte como una obra de caridad continua (sadaqa yariyah) para todos ellos, ameen.

Ref: Notas de las conferencias de audio de 'Kitab-at Tawhid', de las obras de Imaam Muhammad ibn 'Abdil-Wahhaab, Imaam as-Saa'idi, y el Shaykh Uthaymeen, traducidas por Daawood Burbank, que Allah tenga misericordia de ellos.

Dedicado a dos niños especiales.

Palabras de alta frecuencia

la Tierra

el sol

la primavera

el cielo

la luna

el verano

el día

las nubes

el otoño

la noche

las estrellas

el invierno

la tierra

los arroyos

los árboles

el bosque

los campos

el Mar

las montañas

la hierba

los océanos

los ríos

las flores

la ballena

¡Esta es la
Tierra!

Aquí vivimos.

la
Tierra

la Tierra

¿Quién creó la
Tierra y todo lo
que hay en ella?

¡Vamos a descubrirlo!

creó

creó

¡Mira el cielo!

¿Sabes quién creó
la noche y el día...?

el
cielo

el
día

la
noche

la noche   el día

¿Y el sol brillante?

el sol

el sol

¿Y las nubes esponjosas en el cielo?

las
nubes

el
cielo

las nubes

¿Y la luna y las estrellas que brillan?

la
luna

las
estrellas

la luna   las estrellas

¿Y las 4 estaciones:

primavera,
verano, otoño e
invierno?

la primavera   el verano   el otoño el invierno

4 estaciones

¡Mira la tierra!

la
tierra

la tierra

¿Quién creó los bosques y las montañas que tocan el cielo...?

los
bosques

las
montañas

el
cielo

los bosques   las montañas

25

¿Y los ríos y arroyos?

los ríos

los arroyos

los ríos   los arroyos

¿Y los campos verdes con hierba suave donde nos gusta correr?

los campos

la hierba

los campos   le hierba

¿Y las flores y los árboles donde trepamos?

las
flores

los
árboles

 las flores   los árboles

¡Mira el mar azul profundo!

el mar

el mar

¿Quién creó los océanos, los mares, las grandes ballenas azules y los peces pequeños del mar?

los océanos    las ballenas    el mar

los océanos el mar

¿Quién nos creó a ti y a mí?

a ti a mí

¿Estás listo para saber quién creó todo?

¡Alá solo creó todo!

¡Él es nuestro Dios! ¡Él es nuestro Dios!

Él es el Creador, Al-Jaliq.

Esto es,
Tawhid-ur-Rububiyyah.

Tawhid-ur-Rububiyyah.

La Unicidad de Alá como Creador.

Tawhid-ur-Rububiyyah

¿Dónde está Alá?

Alá está sobre la tierra, sobre los siete cielos, sobre su trono.

¿Cómo lo sabemos? Alá nos lo dice en el Corán:

el Corán

"Alá es quien creó los cielos y la tierra y todo lo que hay entre ellos. Luego Él se elevó sobre el Trono de una forma que conviene a Su Majestad..."

Sura 32, padre 4

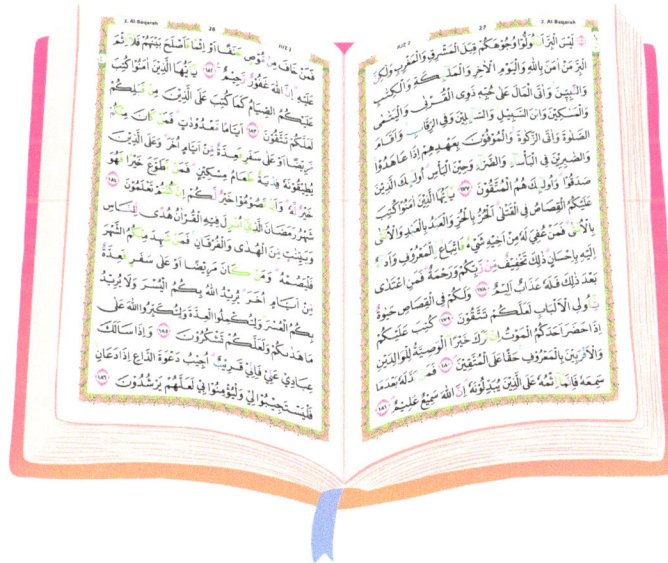

Él se elevó

Palabras de alta

- 1El (the)
- Y (and)
- De (of)
- En (in)
- La (the)

- Este (this)
- Es (is)
- Nosotros (we)
- Que (who)
- Todo (everything)

- Donde (where)
- Tu (you)
- Se (he/she/it is)
- Un (a)
- Mirá (look)

frecuencia

- Creador (creator)
- Noche (night)
- Día (day)
- Sol (sun)
- Luna (moon)

- Estrellas (stars)
- Primavera (spring)
- Verano (summer)
- Otoño (autumn)
- Invierno (winter)
- Campo (field)

- Árboles (trees)
- Mar (sea)
- Pesces (fish)
- Cielo (sky)
- Tierra (earth)

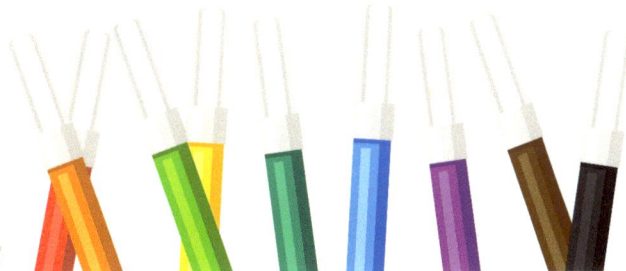

SERIE INFANTIL SOBRE TAWHID

¡A ALÁ
solo adoramos!

LIBRO 2

¡ALÁ
Creó Todo!

LIBRO 1

Los Nombres más Hermosos
de
ALÁ
más que
99
Parte 1

LIBRO 3

LECTURA AUTÉNTICA PARA NIÑOS!

alhuroof
5 a 7 años

www.ingramcontent.com/pod-product-compliance
Lightning Source LLC
LaVergne TN
LVHW072120070426
835511LV00002B/31